AU PAYS

DE NOTRE-SEIGNEUR

SOUVENIRS DU PÈLERINAGE DE 1892

PAR M. L'ABBÉ E. FAVE

CURÉ DE CHEMINON-LA-VILLE

CHALONS-SUR-MARNE

IMPRIMERIE MARTIN FRÈRES, PLACE DE LA RÉPUBLIQUE, 50

1893.

AU PAYS DE NOTRE-SEIGNEUR

AU PAYS DE NOTRE-SEIGNEUR

SOUVENIRS DU PÈLERINAGE DE 1892

PAR M. L'ABBÉ E. FAVE

CURÉ DE CHEMINON-LA-VILLE

CHALONS-SUR-MARNE

IMPRIMERIE MARTIN FRÈRES, PLACE DE LA RÉPUBLIQUE, 50.

—

1893.

AU PAYS

DE NOTRE-SEIGNEUR

I.

LE PÈLERINAGE.

Ils étaient trois cents, les Croisés du pèlerinage populaire de 1892. Gens de toute classe et de toute condition : un général, un colonel, plusieurs magistrats, voire même un député ; cent prêtres, des commerçants, des cultivateurs, des ouvriers ; des dames au grand nom à côté d'humbles roturières. Gens de foi que la piété et l'amour amenaient, en Terre-Sainte, sur les traces du Sauveur et de sa Mère.

La Terre-Sainte ! Comme elle mérite bien son nom, cette terre bénie que Jésus et Marie ont foulée de leurs pieds, où ils ont souffert l'un et l'autre, où ils sont morts ; la terre d'où ils se sont élevés triomphants dans les cieux ! Nazareth, Béthléem, Jérusalem ! Quels souvenirs émouvants et saints pour un cœur chrétien !

Les Saints Lieux ! n'étaient-ils pas trop oubliés en Occident, chez nous, le pays des Croisés ?.... Nous laissions les schismatiques devenir les maîtres des Lieux Saints, s'emparer peu à peu, au mépris de nos droits séculaires, des sanctuaires les plus vénérables. Nous laissions la Russie mettre la main sur le Saint-Sépulcre et jeter chaque année, sur Jérusalem, plus de trois millions d'argent et sept à huit mille pèlerins.

Il était temps que la France se réveillât. Honneur aux bons et vaillants Pères Augustins de l'Assomption ! En ce temps de lucre et d'égoïsme, ils ont osé prêcher la Croisade populaire de pénitence. Ils ont été entendus, les fils des Croisés se sont levés.... La fin de ce siècle aura vu renaître les pèlerinages au tombeau du Christ, et tout fait espérer que le mouvement ne se ralentira plus.

Aussi bien, quel pieux voyage ! Et quelle plus noble entreprise ! Il s'agit pour nous d'aller reconquérir les Saints Lieux, avec les armes pacifiques de la prière et de la pénitence.

Oui, la prière et la pénitence ! Durant le pèlerinage la prière est à peu près continuelle, et dans les courses sur terre, et sur le *Poitou* où nous avions notre chapelle, avec la présence de Jésus, le divin pilote, nos cent messes chaque jour, autant et plus de communions, le Rosaire, le Chemin de la Croix, nos adorations de jour et de nuit. A la prière s'unissait la pénitence sous toutes les formes : malaises, souffrances, fatigues, sacrifice même de la vie. De fait, le pèlerinage de 1892 eut ses victimes.

Tel était le but de notre pèlerinage : prier, souffrir, réparer aux lieux témoins des souffrances, de la mort, de l'expiation, de la prière toute puissante du Sauveur ; prier et souffrir, pour l'Eglise affligée et la France prévaricatrice.

La France ! Ah ! il faut le dire aussi : La présence de trois ou quatre cents pèlerins français aux Saints Lieux relève singulièrement son prestige en Orient. La France est, malgré tout, là-bas, la nation aimée, estimée. Pourquoi ? Parce qu'elle est la nation catholique. Il ne faut pas que nos amis se demandent s'ils doivent douter d'elle. A ce titre, le pèlerinage de pénitence est une œuvre éminemment française.

II.

DE MARSEILLE A ALEXANDRIE.

Le rendez-vous est donné à Marseille, aux pieds de Notre-Dame-de-la-Garde. Elle est là, debout sur sa colline, brillante dans sa robe d'or, la patronne des navigateurs. Dès le matin, les pèlerins affluent à son sanctuaire. Mgr l'Evêque de Marseille célèbre la première messe du pèlerinage, bénit les croix et salue les croisés de la pénitence. A dix heures, ils avaient pris place à bord du *Poitou*.

C'est un moment solennel que celui du départ. Un formidable coup de canon annonce que l'ancre est levée ; le bateau s'agite ; nous sommes séparés de terre. On entonne l'*Ave maris stella*. Quand le navire passe en vue de Notre-Dame-de-la-Garde, les pèlerins sont à genoux et chantent trois fois *Monstra te esse matrem*. Adieu, France ! Que l'Etoile de la mer nous conduise et nous ramène !

Nous longeons longtemps les côtes de la Provence ; puis, plus rien, que l'azur du ciel et les flots bleus de la Méditerranée. Au matin, nous apercevons, à droite, la Corse avec son cap avancé, ses montagnes aiguës et couvertes de neige comme les Alpes. Plus loin, à gauche, la verdoyante île d'Elbe émerge sur les flots ; puis Caprera, Fornica, le rocher de Monte-Christo.

Le lendemain, nous traversons, sur le soir, l'archipel des îles Lipari ; nous saluons le Stromboli, dont les flancs fument encore, et nous entrons dans le détroit de Messine. La passe est dangereuse ; il faut éviter Charybde et Scylla. Mais aussi quel magnifique panorama présentent à notre droite et à notre gauche, les côtes de l'Italie et de la Sicile ! Nous distinguons sans peine les villes, les villages, les torrents desséchés, les larges ravins, les bois et les montagnes. Voici Messine, Reggio, l'Etna avec son panache toujours menaçant.

A la sortie du détroit, nous sommes dans la mer Ionienne. Elle est houleuse. Nous faisons connaissance avec le roulis et ses suites ; la débandade se met partout ; peu à peu le pont devient désert.

On annonce la vue de l'île de Crète ou Candie. La voici qui s'étend à perte de vue, nous montre ses montagnes neigeuses, ses pics aigus, son mont Ida, chéri des poètes... Le *Poitou* file, file toujours sur la mer bleue. Il a fourni déjà la moitié de sa course ; nous ne reverrons plus la terre qu'en vue d'Alexandrie.

Après six jours de traversée, six jours de malaise pour beaucoup, nous atteignons la côte d'Egypte et la plage d'Alexandrie. Nous sommes impatiemment attendus. Voici les bons Frères des écoles chrétiennes, avec leurs élèves. Voici les cornettes blanches de nos Sœurs de charité ! On a plaisir à les revoir sur la terre lointaine, ces *hirondelles de France*, comme les appelle Châteaubriand. Une immense procession s'organise et nous conduit, à travers les rues de la ville, à la cathédrale de Sainte-Catherine ; pour la première fois le *Te Deum* retentit : N'avions-nous pas déjà à remercier Dieu et la Vierge ?

Nous sommes reçus par les Frères dans leur collège Sainte-Catherine, avec quelle cordialité, quelle joie, les pèlerins s'en souviendront toujours. Gloire à nos religieux qui, à Alexandrie, au Caire, à Jérusalem, partout, défendent si vaillamment l'honneur du nom et du drapeau français ! C'est à eux seuls que nous sommes redevables de l'estime et de l'affection que nous gardent les étrangers.

Alexandrie n'a pas à nous retenir longtemps. Cette ville, toute moderne, n'a rien conservé de ses splendeurs d'autrefois, rien que sa colonne de Pompée et quelques souvenirs de saint Marc, de saint Athanase et de sainte Catherine.

La vapeur nous emmène, en six heures, d'Alexandrie au Caire, à travers les riches plaines du Nil, le fleuve nourricier de l'Egypte. Sur notre droite apparaissent, comme des ombres gigantesques, les pyramides de Giseh ; puis des dômes, des minarets, des mosquées, une citadelle, tout un fouillis de palais et de maisons. C'est le Caire, la grande ville arabe (500,000 habitants) à l'entrée du Sahara.

III.

LE CAIRE.

Nous retrouvons au Caire l'accueil d'Alexandrie. Les Frères des écoles chrétiennes et les Pères Jésuites dirigent des collèges florissants qui, à l'occasion, deviennent l'hôtellerie des pèlerins. Les Frères n'ont pas, au Caire, moins de douze cents élèves : Maures, Juifs, Coptes, Grecs, Latins, toutes les races, tous les cultes y sont représentés. On n'y parle qu'une langue, le français; on n'y enseigne qu'une religion, la religion catholique. Le programme est accepté sans difficulté et sans contrainte, personne ne s'en est jamais plaint. Grande leçon que nous ferions bien de méditer en France ! Qu'elle était belle cette jeunesse égyptienne, formée par les mains de nos religieux ! C'était plaisir de l'entendre, un soir de fête, parler notre langue, interpréter nos sentiments.

Mais quelle ville étrange ! Impossible de se reconnaître dans ce labyrinthe de rues étroites et tortueuses. Et quel peuple ! Arabes, Bédouins, Abyssins au teint d'ébène, en un mot toutes les fleurs du désert. « Gens robeurs, paresseux et pillards », comme les appelait Joinville. Nous assistons à une procession immense, la promenade du tapis sacré que le Caire envoie chaque année à la Mecque, au tombeau du Prophète. Le défilé est des plus curieux ; toute l'armée est sur pied; le Khédive lui-même y assiste, le Khédive, un tout jeune homme, et une ombre de roi.

La ville du Caire est fière de montrer sa superbe citadelle, ses deux cents mosquées, ses beaux jardins, ses palais, ses riches bazars, et ses petits ânes blancs. Son musée de Boulack, le plus riche du monde en antiquités égyptiennes, est l'œuvre d'un français, l'ingénieur Mariette ; il conserve, entre mille curiosités, la momie de Rhamsès II, le Sésostris des Grecs, persécuteur des fils de Jacob.

Ce dont la ville est moins fière, c'est la présence des Anglais, installés en Egypte absolument comme chez eux.

Courons aux pyramides, à deux heures du Caire. Une belle route, ombragée d'acacias, y conduit. La plus grande pyramide et aussi la plus ancienne, a cent quarante mètres de hauteur ; elle est orientée aux quatre points cardinaux ; sa base présente un carré de deux cent trente mètres de côté. Mais que signifient ces montagnes de pierre ? Qui nous le dira ? Ce qui a plus de sens à nos yeux, c'est le Saint Sacrifice offert aux pieds de ces monuments ; c'est le *Credo* chanté dans l'immensité du désert ; c'est le mot de Massillon répété : « Dieu seul est grand ! »

A cinq cents mètres des pyramides, voici le Sphinx : un lion à tête humaine, de dimensions colossales, car il mesure plus de cinquante mètres de long. — Lui aussi, il garde bien son secret.

Nous donnons un jour aux pyramides de Sakkarah, au Sérapéum, aux ruines de Memphis, immenses nécropoles où sont ensevelis dans le sable les tombeaux des Pharaons et des divinités de l'ancienne Egypte.

Mais nous sommes pèlerins avant tout. Allons à Matarieh, à deux lieues du Caire. C'est un joli bourg, noyé dans la verdure et les fleurs. Entrons dans le Jardin de Baume. Là se trouvent le rejeton de l'arbre sous lequel s'est reposée la Sainte Famille et la source qui jaillit miraculeusement sous les pieds de l'Enfant-Dieu. L'arbre, un vieux sycomore, est toujours là ; son tronc noueux ne mesure pas moins de huit mètres de circonférence à sa base. La source est devenue un puits toujours abondant. On dit qu'il y a vingt-cinq ans, le vice-roi fit cadeau de ce lieu béni à l'impératrice Eugénie. Aujourd'hui, les Pères jésuites du Caire ont là leur maison de campagne avec une grotte et une chapelle dédiées à la Vierge de Lourdes.

A une faible distance, une allée d'acacias nous conduit aux ruines d'Héliopolis, la seconde patrie de Joseph, fils de Jacob. Nous marchons sur le cadavre de la grande ville ; comme ses sœurs Thèbes, Memphis, elle gît dans la poussière. De son fameux temple du soleil, il ne reste qu'un obélisque, haut de vingt mètres, le frère de celui qui se dresse à Rome sur la place Saint-Pierre.

Un autre souvenir de la Sainte Famille en Egypte nous ramène au Vieux-Caire. En quittant Matarieh, elle se dirigea du côté de Memphis et s'arrêta en ce lieu. Ici, dans cette pauvre crypte de l'église Saint-Serge, une église volée aux Franciscains par les Coptes Schismatiques, ici était l'humble retraite de Joseph, de Marie, de Jésus ! Ici, dans ce pauvre réduit qui nous rappelait Bethléem et Nazareth, ils habitèrent pendant six ou sept ans, jusqu'à la mort d'Hérode ! Les Coptes sont bons princes, et nous laissent célébrer dans la grotte de la Madone.... Ce furent les prémices des douces jouissances que nous devions goûter dans notre pèlerinage en Terre Sainte, et la première senteur des parfums répandus sur les pas de Jésus et de Marie.

IV.

LE MONT-CARMEL.

Du Caire à Port-Saïd, le voyage ne manque pas d'intérêt. La première partie se fait en chemin de fer. Nous traversons un pays riche en cultures de toutes sortes ; c'est l'ancienne terre de Gessen, la plus fertile de toute l'Egypte, la terre qui fut donnée par Pharaon au patriarche Jacob et à ses enfants.

C'est là que les fils d'Israël se sont multipliés jusqu'à devenir redoutables aux Egyptiens.

Le chemin de fer court ensuite pendant plusieurs heures, à travers les sables du désert, puis il aboutit à une charmante oasis, sur les bords du canal de Suez. Là s'élève parmi les palmiers le bourg d'Ismaïlia ; c'est là que nous embarquons sur les bateaux de la Compagnie, pour franchir les quatre-vingts kilomètres qui séparent Ismaïlia de Port-Saïd. Nous voguons sur le célèbre canal, une œuvre qui fait honneur au génie français. Mille pensées traversent notre esprit. Nous sommes peu éloignés de la Mer Rouge ; plus loin le Sinaï, la route suivie par les Hébreux dans le désert..... Avec eux nous chantons de tout cœur l'*In exitu Israel de Egypto, domûs Jacob de populo barbaro.*

Soudain, un vent violent souffle du désert et soulève un nuage de sable. Sur la rive, les chameaux se couchent. Le sable qui tombe à flots, obscurcit les rayons du soleil ; pendant une heure, nous assistons à la terrible tempête du désert. Enfin nous touchons Port-Saïd, une ville européenne bâtie en chalets Suisses. Le *Poitou* nous y attend. Chacun reprend possession de sa cabine et s'endort en attendant le Mont-Carmel.

Le voici : il nous montre de loin son front superbe, *caput tuum ut Carmelus.* Voici Caïffa, blottie au pied de la montagne, au fond de son petit golfe. Pour la première fois, nous mettons le pied sur la Terre-Sainte ; à peine débarqués, nous tombons à genoux, dans la poussière, pour baiser ce sol sacré, et nous récitons émus le *Pater* et l'*Ave* afin de gagner l'indulgence plénière.

Puis la procession s'organise ; nous gravissons, au chant des cantiques, les pentes rocailleuses du Carmel. En même temps les cloches du monastère s'ébranlent, leur son argentin nous réjouit le cœur. Le monastère est un grand monument carré, bâti comme une forteresse. L'église occupe le centre ; nous y sommes reçus par les Pères Carmes, et pour la première fois en Terre Sainte, nos fronts s'inclinent sous la bénédiction du Saint-Sacrement.

qui se sont passées dans ses murs. Voici Nazareth, la ville des fleurs et la Fleur de la Galilée ! Ici a germé le rejeton de la tige de Jessé ; ici a fleuri le lis le plus pur ; ici vivait, obscure et cachée, la fleur la plus incomparable qui se soit épanouie sur notre terre.

Ah ! cette arrivée à Nazareth, nous ne l'oublierons jamais ! Les cloches du couvent sonnent à toute volée ; nous mettons pied à terre ; puis, au chant de l'*Ave Maria*, nous montons à l'église de l'Annonciation. Notre premier salut est pour le Dieu Incarné. Nous pénétrons émus dans l'église ; la crypte, placée sous le maître-autel, est la vraie grotte où la vierge Marie conçut le Verbe, Fils de Dieu ; une plaque de marbre sous l'autel marque l'endroit où le Verbe s'est fait chair, *Verbum caro hic factum est*, où il commença à habiter parmi nous. Là se tenait la vierge Marie quand elle reçut le message de l'Ange Gabriel et qu'elle donna son acquiescement à l'œuvre de la Rédemption des hommes. Quels souvenirs ! Où trouver un lieu plus saint ? C'est vraiment la maison de Dieu et la porte du Ciel.

Au sanctuaire de l'Annonciation nous sommes chez nous : là, pas de schismatiques comme on en voit à la grotte de la Nativité et à Béthléem, comme on en voit au Calvaire. Jésus veille avec amour sur la maison de la Mère. Cette sainte maison se composait autrefois de deux pièces, l'une bâtie de main d'homme et adossée au rocher, l'autre taillée dans le roc. La première a été miraculeusement détachée de la grotte et transportée en Italie par les anges. C'est la *Santa casa de Lorette* ; à l'entrée de cette chambre se tenait l'archange Gabriel. La Vierge Immaculée était dans la seconde pièce, c'est-à-dire dans la grotte. C'est du moins ce que raconte la tradition.

Que de fois, pendant les heures trop courtes de notre séjour à Nazareth, nous sommes descendus dans cette grotte bénie, témoin des plus grands mystères ! Que nous étions heureux de nous prosterner et de prier sur ce sol foulé par les pieds de l'Enfant-Dieu ! Nos yeux se remplissaient de larmes, quand nous baisions ces murs sacrés qui ont abrité l'enfance de Jésus,

Nous prêtions l'oreille pour entendre les échos des divines paroles. L'*Ave Maria* montait sans cesse à nos lèvres, l'*Ave Maria* chanté une première fois par l'archange et répété tant de fois aussi par Jésus et par Joseph.

A droite de l'autel de l'Annonciation, une porte donne entrée dans deux autres grottes naturelles qui certainement ont servi de dépendances à l'habitation de la Sainte Famille; l'une d'elles était, dit-on, la chambre de Notre-Seigneur; on lit ces mots : *Ici Il leur était soumis.*

A deux cents pas de la sainte maison, Joseph, le charpentier, avait son atelier : c'est là que le serviteur de Dieu gagnait à la sueur de son front le pain de la Sainte Famille. L'atelier a été converti en une petite chapelle.

La ville possède encore d'autres souvenirs précieux au cœur chrétien : la *mensa Christi*, immense table de pierre où le Christ ressuscité mangea avec ses apôtres; l'emplacement de l'ancienne synagogue où Jésus enseignait, et la montagne du précipice d'où les Nazaréens voulurent le culbuter; enfin la *Fontaine de la Vierge*, où Marie et Jésus venaient puiser l'eau nécessaire au ménage. On y voit, à toute heure du jour, les femmes, les enfants venir y tremper leurs urnes de terre. D'après une ancienne tradition que la liturgie grecque a conservée, la sainte Vierge, puisant de l'eau à la fontaine, aurait été saluée une première fois par l'ange Gabriel. Rentrée dans sa demeure, Marie se mit en prière, et pendant qu'elle méditait sur la prophétie d'Isaïe *Voici qu'une vierge concevra*, une seconde apparition de l'ange vint lui annoncer le message céleste.

Un coup d'œil donné aux fouilles si intéressantes, faites dans l'établissement des Dames de Nazareth, un autre au couvent des Pères Franciscains, et nous avions terminé la visite de la ville qui fut la patrie de Jésus. Le lendemain, nous nous mettions en route pour le Thabor et le lac de Tibériade.

VI.

LE MONT-THABOR ET LE LAC DE TIBÉRIADE.

Nous quittons Nazareth, et bien que nous ayons l'espoir de le revoir dans deux jours, nous la quittons avec regret. Nous montons au Thabor, par une matinée pleine de fraîcheur et de soleil ; le sentier est étroit, rocailleux, escarpé ; nos chevaux ne bronchent pas. Le Thabor est une montagne isolée qui se dresse au fond de la plaine d'Esdrelon. Son sommet, élevé de six cents mètres, présente un magnifique plateau tapissé d'herbes hautes. C'est sur le point culminant de ce plateau que Notre-Seigneur interrompant le miracle par lequel il cachait aux hommes l'éclat de sa divinité, se transfigura en présence des apôtres Pierre, Jacques et Jean.

Le vœu de saint Pierre : *Faisons ici trois tentes*, fut un jour réalisé. Les trois tentes, sous la forme de trois églises, existaient au VIe siècle. La plus grande, bâtie par sainte Hélène, était consacrée à la Transfiguration du Christ ; les deux autres étaient dédiées à Moïse et à Elie. Plus tard, les Croisés firent du Thabor une citadelle inexpugnable. Nous dressons notre autel au milieu des ruines, et la messe se célèbre solennellement sous la voûte embrasée du ciel.

Quel ravissant coup-d'œil s'offre à nos yeux ! A droite et à gauche, les montagnes de la Galilée, le Carmel, le Liban ; au midi, le pauvre village de Naïm sur le premier versant du petit Hermon, puis Endor où Saül vint consulter la Pythonisse ; plus loin, le Gelboë, témoin de la mort de Jonathas. En face de nous, le grand Hermon couvert de neige ; à nos pieds, le lac de Tibériade, la Vallée du Jourdain, la plaine fleurie d'Esdrelon, le mont des Béatitudes... Qu'il faisait bon ici quand

Jésus transfiguré révélait aux siens quelques rayons de sa gloire !

Nous descendons trop tôt à notre gré, mais la course est longue et pénible jusqu'à Tibériade. Le jour est près de finir, quand les pèlerins atteignent le plateau qui domine la ville. Soudain elle apparaît, et le lac avec elle, et les montagnes qui entourent le lac.

On entonne un cantique. La procession se forme et lentement s'avance, à travers les rues tortueuses, jusqu'à la petite église de Saint-Pierre. La bénédiction du Saint-Sacrement est donnée à l'endroit même où la primauté de Pierre fut solennellement confirmée. Il nous semblait entendre un écho de la voix du Maître : Pierre, m'aimes-tu ? il nous était facile et doux de lui répondre.... Nous rentrons au camp, où nous réclame un bon petit lit de bivouac. Nous allons dormir, bercés par le bruit des vagues de la mer de Galilée.

Le lac de Génésareth, ou mer de Galilée, mesure cinq lieues de long, deux de large et cinquante-cinq mètres de profondeur. Son niveau est à deux cents mètres au-dessous du niveau de la Méditerranée. Le lac argenté s'allonge à perte de vue entre des côtes bordées de lauriers-roses et d'arbustes verdoyants ; sa position aux pieds des monts, la limpidité et le calme de ses eaux en font une miniature du lac de Genève. Au temps de Jésus, il avait, en Judée, une grande célébrité qu'il devait à la beauté de ses rives et à la fécondité de ses ondes.

Aujourd'hui il semble désolé : les villes qui s'étageaient sur ses côtes ont disparu. Jadis elles étaient riches et populeuses ; on y comptait des bateliers par centaines. Nous avons nommé, parmi les plus illustres, Tibériade, Capharnaüm, la seconde patrie de Jésus ; Bethsaïda, patrie de Pierre, d'André, de Jean et de Philippe ; Magdala, célèbre par la conversion de Magdeleine la pécheresse ; Chorozaïn ; ces villes portent aujourd'hui encore le poids de la malédiction du Sauveur.

Tout, en ces lieux, rappelle le Maître : les flots sillonnés par sa barque, les rives qu'il parcourut, les champs, la grève où il s'assit tantôt solitaire, tantôt au milieu de la foule ; dans le lointain, les montagnes désertes, confidentes de ses prières. Nul pays ne vit plus de prodiges et n'entendit plus longtemps la parole divine. C'est parmi les pêcheurs de ces rivages que Jésus choisit ses apôtres. C'est ici qu'il calma la tempête ; ici, monté sur une barque, il instruisait la foule ; ici, il marcha sur les eaux ; ici, il commanda la pêche miraculeuse. Cette mer était bien la mer de Jésus. Alors des milliers de voiles l'animaient ; aujourd'hui, nous avons peine à retrouver deux ou trois barques.

Enfin nous faisons voile vers Capharnaum, laissant à gauche Magdala et Bethsaïda. Voici Capharnaüm tout en ruines, Capharnaüm, la ville de Jésus. Les ruines de la ville ingrate occupent un espace considérable au milieu des ronces et des chardons. Quelque part dans ces champs, aujourd'hui incultes, s'élevaient la synagogue où Jésus guérit le démoniaque, la maison de Jaïre, celle du Centurion à qui le Sauveur rendit son serviteur fidèle. Celle où gisait la belle-mère de Simon en proie à la fièvre. Mathieu le publicain avait son bureau de péage sur la route qui longe la mer. Nous entendions la plainte amère du Sauveur : « Et toi, Capharnaüm, est-ce que tu t'élèveras jusqu'au Ciel ? Non, tu descendras jusqu'aux enfers ; parce que si Sodome avait vu les les miracles qui ont été faits au milieu de toi, elle subsisterait encore. »

Il nous faut dire adieu à Tibériade et à son beau lac ; nous reprenons la route de Nazareth, mais en passant par Cana. Nous atteignons un haut plateau : c'est le champ de bataille d'Hattine. Le 4 juillet 1187, les armes des Croisés essuyèrent là un désastre irréparable : le roi chrétien de Jérusalem, Lusignan, rendit son épée à Saladin, la Vraie Croix tomba entre les mains des Musulmans, et les Lieux Saints furent à jamais perdus.

Triste souvenir ! Un autre plus consolant s'offrait à notre pensée. Ici Jésus, prenant pitié de tout un peuple affamé, multiplia pour le nourrir le pain et les poissons, préludant ainsi au miracle de la multiplication de son propre corps dans le mystère eucharistique.

Le Mont des Béatitudes, avec son double cône, les Cornes d'Hattine, commande la plaine. On aime à le gravir, l'Evangile à la main, et à relire le sermon du Maître sur la montagne. « Bienheureux les pauvres, les doux, les purs ; bienheureux ceux qui pleurent, ceux qui souffrent. » Jamais homme n'avait parlé comme Jésus. Nous écoutons la sublime prière qu'il enseigna ici pour la première fois à ses apôtres. « Lorsque vous prierez, vous direz ainsi : *Notre Père qui êtes aux cieux*... »

Nous descendons : voici, sur les flancs de la montagne, de vertes prairies, des champs de blé ; voici le champ où les disciples, pressés par la faim, cueillirent quelques épis, un jour de sabbat, au grand scandale des pharisiens hypocrites.

Enfin Cana se montre, au milieu des oliviers et des figuiers, sur le penchant d'une colline. Les Pères de Terre-Sainte nous accueillent et nous font goûter un bon vin blanc en souvenir du miracle des Noces ; leur petite église remplace la maison de Simon où Jésus, à la demande de Marie, changea l'eau en vin. Nous visitons la maison de Nathanaël qui fut, dit-on, l'apôtre S. Barthelemy, et la fontaine où fut puisée l'eau du miracle. Puis sur le soir nous rentrons à Nazareth. Encore une prière à l'église de Marie, encore une messe à l'autel de l'Incarnation, un dernier adieu à la Sainte Maison, et c'est fini. Demain matin, nous quittons la douce patrie de Jésus, de Marie et de Joseph.

Toutefois, le départ se trouve retardé. Au réveil, les pèlerins de la pénitence apprirent que Dieu avait choisi parmi eux une victime. Sous le coup de ce douloureux évenement, nous nous mîmes en route, les uns pour la Samarie, les autres pour Caïffa où le *Poitou* les attendait.

VII.

JÉRUSALEM LA SAINTE.

La traversée de Caïffa à Jaffa se fait en une nuit ; nous touchons à notre dernière étape avant Jérusalem.

Jaffa est fièrement assise sur son rocher au bord de la mer. Cette ville paraît être l'antique Joppé, où Noé construisit l'Arche ; elle fut, dit-on, rebâtie après le déluge par Japhet, qui lui laissa son nom. C'est à Jaffa que s'embarqua le prophète Jonas. S. Pierre y vint ressusciter Tabitha, la veuve bienfaisante ; logé chez Simon le corroyeur, il y eut la célèbre vision des animaux purs et impurs. Nous visitons les ruines de cette maison, nous montons sur la terrasse : la vue s'étend au loin sur la rade et la mer. Nous courons au tombeau de Tabitha, à travers des jardins embaumés : véritable forêt d'orangers, de grenadiers, de nopals, aux fleurs et aux fruits d'or et de pourpre.

Enfin, le soir, après le salut du Saint-Sacrement, nous montons en voiture. Au sortir de Jaffa, nous traversons la belle plaine de Saron que Samson mit en feu avec les trois cents renards. Voici Rameleh, patrie de Joseph d'Arimathie ; la ville s'élève en tons sombres sur le fond du ciel, éclairée par la lune ; la Tour des quarante Martyrs dresse sa masse imposante. Plus loin, on signale un pauvre village, c'est El-Latroun, patrie du bon Larron. Puis nous entrons dans des gorges profondes qui courent entre deux chaînes de montagnes presque nues. L'aube avait lui depuis longtemps quand nous parvînmes au sommet de la dernière colline ; des toits blancs apparaissent, puis de hautes murailles, des coupoles, c'est Jérusalem la Sainte. Nous entonnons le *Lætatus sum* ; quel cantique répondait mieux aux sentiments qui faisaient battre nos cœurs?

Nous laissons à droite la porte de Jaffa, et nous suivons, le long des remparts, une sorte de boulevard extérieur ; c'est là que campaient Godefroy de Bouillon et les premiers croisés. Nous sommes devant Notre-Dame de France, la nouvelle hôtellerie des pèlerins. Nous prenons à peine le temps de nous installer dans nos cellules ; nous courons au Saint Sépulcre. Après avoir franchi la Porte Neuve, nous descendons l'étroite rue qui conduit à l'auguste sanctuaire. Un profond silence règne parmi nous ; nous voici dans une cour pavée ; en face de nous la Basilique, meurtrie, déchirée par le fer du barbare, mais belle encore. Nous entrons, sans prêter la moindre attention aux Turcs, gardiens du sanctuaire ; nous nous précipitons pour baiser le marbre qui recouvre la pierre de l'Onction ; le calvaire est à quelques pas, nous en franchissons les degrés. Voici l'endroit où le Christ fut dépouillé de ses vêtements, couché sur la croix ; voici le lieu précis où la croix fut plantée, voici la fente du rocher. Nous descendons ; à vingt mètres de distance, nous nous arrêtons devant un monument de médiocre architecture, construit en marbre blanc et jaune ; c'est le mausolée qui abrite le sépulcre du Christ. Une petite porte introduit dans une première grotte de deux ou trois mètres ; c'est la chapelle de l'ange ; au fond de la chapelle, une porte basse ouvre dans une seconde grotte plus petite, taillée dans le roc par Joseph d'Arimathie ; à droite nous apercevons le saint Tombeau, il est revêtu de marbre. Nous le baisons avec amour ; n'est-ce pas le lieu le plus saint, le plus redoutable de l'univers?

L'heure est venue pour nous de monter à l'autel. C'est au Calvaire, à l'autel du *Stabat*, que nous avons le bonheur d'offrir le saint Sacrifice pour la première fois à Jérusalem.

VIII.

LE SAINT SÉPULCRE.

Nous fîmes notre entrée solennelle à Jérusalem et au Saint-Sépulcre le soir du vendredi 20 mai, à l'arrivée de nos frères venus par la Samarie. L'entrée des pèlerins français est toujours un évènement pour les habitants de la ville Sainte. Juifs, Grecs, Musulmans, tous se pressent pour voir ces hommes de l'Occident descendants des croisés, et pour les entendre chanter fièrement le vieux refrain : *Catholiques et Français toujours!* Toute la population catholique afflue à notre rencontre ; les communautés religieuses viennent grossir nos rangs.

La procession part de Notre-Dame de France. En tête marchent les cavas du Consul serrés autour du drapeau français ; les soldats turcs font le service d'ordre. Nous passons sous la porte de Jaffa ; à notre droite se dresse la vieille Tour de David. A notre entrée dans la Basilique, la milice turque présente les armes.

Quand nous traversons les rangs de ces soldats campés jusque sous les voûtes du temple de la Résurrection, le cœur se serre douloureusement. Ce sont les armes de Mahomet qui gardent le tombeau du Christ ; et, réflexion pleine de tristesse, il faut qu'il en soit ainsi. Que les Grecs ou les Russes deviennent les maîtres à Jérusalem, nous serons bien vite, nous Latins, nous Français, expulsés de tous les Sanctuaires.

Enfin les pèlerins ont baisé la poussière et fait le cercle autour du Tombeau glorieux ; le *Te Deum* retentit. Alors l'émotion est poignante, l'enthousiasme débordant. Un Père franciscain prend la parole : on dirait la voix de l'ange au matin de la Résurrection : « Pèlerins de la pénitence, qui cherchez-vous ?

Jésus n'est plus ici, il est ressuscité ; voici l'endroit où ils l'avaient mis... » Puis le silence se fait, on prie, et quelles prières ! Patrie, famille, paroisse, amis, vous étiez tous dans nos pensées et sur nos lèvres.

Notre entrée au Saint-Sépulcre, avec le chemin de Croix solennel dans les rues de la Ville Sainte, restera un des grands souvenirs de notre pèlerinage

Et pourtant, que d'émotions pénibles nous rencontrons au Saint-Sépulcre ! Nous n'y sommes pas chez nous ; les schismatiques y commandent en maîtres. Les Grecs ont volé le Saint Tombeau aux Latins après y avoir mis le feu en 1808 ; ils ont le chœur des anciens chanoines, ils possèdent le Calvaire, comme ils ont ravi Bethléem et se sont emparés du tombeau de la Bienheureuse Vierge au Cédron... La Russie, faut-il le dire, la Russie, par la complaisance de la France, a été admise à participer à la restauration de la grande coupole et aujourd'hui les armes du czar dominent l'édicule du Saint-Sépulcre.

Laissons ces souvenirs désolants ; à la suite de nos bons Pères de la Terre-Sainte, vrais fils de Saint-François, recherchons sur le Golgotha les vestiges des pas de Jésus, les traces de son sang. Voici, à l'extrémité du transept, la chapelle franciscaine de l'Apparition de Notre-Seigneur à sa Sainte Mère ; Nous y vénérons un tronçon de la colonne de la Flagellation. Voici l'autel de Ste Marie Madeleine : une étoile en marbre blanc, incrustée dans le pavé de l'église, désigne l'endroit où N. S. lui apparut sous la forme d'un jardinier.

L'allée de gauche nous conduit à la Prison obscure où Jésus fut enfermé pendant qu'on faisait les derniers apprêts de son supplice ; puis à la chapelle de St Longin, à la chapelle de la Division des vêtements : là les soldats se partagèrent les dépouilles de leur victime, et tirèrent au sort la tunique sans couture tissée par Marie et vénérée aujourd'hui à Trèves.

Quelques pas plus loin, et tout près du Calvaire, un escalier de vingt-huit marches nous amène dans l'église de Ste Hélène. C'était autrefois un précipice dans lequel on jeta, après le crucifiement, la croix du Sauveur et celles des larrons. Là se tenait la mère de Constantin pendant les travaux qu'elle avait ordonnés pour retrouver la Vraie Croix. Nous descendons à droite un autre escalier de treize marches, et nous arrivons à la Chapelle de l'Invention de la Sainte-Croix, ancienne citerne creusée dans le roc, où Ste Hélène eut le bonheur de découvrir les trois croix, le titre de celle du Christ, les clous et l'éponge.

En remontant les deux escaliers, nous trouvons à gauche la colonne du Couronnement et des Impropères. C'est un tronçon de colonne sur lequel Jésus était assis au prétoire, lorsqu'il fut couronné d'épines et couvert d'opprobres par les soldats.

De là, nous montons sur le rocher du Golgotha au Calvaire ; ce n'est point une montagne, mais une éminence de cinq à six mètres, sous laquelle s'ouvrait une grotte, depuis transformée en chapelle. Une tradition ancienne, acceptée par quelques Pères de l'Eglise, place ici la sépulture d'Adam. . . . A défaut de la tombe du premier homme, nous y trouvons les sépultures de Godefroy de Bouillon et de Baudouin.

Le Calvaire, lieu trois fois Saint, qui a vu la mort d'un Dieu et bu le sang Rédempteur ! Nous en gravissons les degrés avec saisissement : une couronne en mosaïque de marbre se présente à nos yeux ; on nous avertit de ne pas la fouler de nos pieds : c'est la Xe station, l'endroit où Notre-Seigneur fut dépouillé de ses vêtements. Un mètre au-dessus nous trouvons une autre mosaïque de marbre ; nous la baisons en pleurant : c'est là que la Sainte Victime fut clouée sur le bois de la croix, XIe station. Contre le mur en face est l'autel du crucifiement, à gauche, le petit autel de la Compassion : c'est là que se tenait la Mère des douleurs sous un des bras de la croix où expirait son Fils, et qu'elle reçut dans ses bras le corps sacré, XIIIe station.

Nous avançons de quelques pas seulement, et nous sommes devant un autel argenté, dans le goût byzantin ; sous cet autel, nous vénérons le Trou de la Croix. Nous collons nos lèvres sur la plaque d'argent qui le recouvre. — O douleur ! L'autel appartient aux Grecs, et ceux-ci ne nous permettent pas d'y célébrer les saints mystères. Bien plus cette cavité, au sommet du Calvaire, n'est plus celle où la Croix fut plantée. Après l'incendie de 1808, les Grecs enlevèrent la pierre dans laquelle fut enfoncée la Vraie Croix.

Entre l'autel de l'Erection de la Croix et celui de la Compassion, s'ouvre une fente large et profonde, qui coupe du haut en bas le rocher du Calvaire ; la rupture croise les veines d'une façon étrange et surnaturelle. Nous plongeons nos mains dans cette fente miraculeuse, immortel témoin de la mort et de la résurrection du Christ.

IX.

UNE VUE DE LA VILLE SAINTE.

Après la visite du Saint-Sépulcre, il nous tardait de faire connaissance avec la ville Sainte.

Elle est assise sur six collines, séparées entre elles par quatre vallées : nous nommerons, parmi les plus célèbres, le mont Moriah, l'ancienne colline du Temple, à l'est; le Gareb avec le Golgotha, son contrefort, à l'ouest; la colline d'Acra, première assise de Jérusalem, au centre de la ville; le mont Sion, au midi : c'est l'ancienne Cité de David. Le Gareb, et conséquemment le Calvaire, était autrefois en dehors des murailles ; il est maintenant enclavé dans la ville. Par contre, le mont Sion n'est plus dans l'enceinte actuelle. Les vallées, qui jadis séparaient ces collines, ont été en partie comblées par les ruines que les siècles et les catastrophes ont amoncelées.

La Jérusalem moderne n'a plus guère de l'ancienne que le nom. Elle est entourée de hautes murailles, bâties par les Croisés et relevées par Saladin après la conquête ; elles sont crénelées et flanquées de tours nombreuses, ce qui lui donne l'aspect d'une ville forte du moyen-âge.

Jérusalem est triste, ses rues pleurent, le souvenir du déicide est partout, partout aussi les traces de la malédiction divine... Elle n'est plus la cité de la paix, mais une ville de contradiction. Le Turc y règne en maître ; encore n'y serait-il pas trop méchant. Mais nous avons à compter avec le schisme et l'hérésie qui, de toutes manières, essaient de ruiner notre influence. Les Juifs aussi reviennent en grand nombre dans cette ville qui fut jadis leur capitale politique et religieuse; seuls, ils forment aujourd'hui la plus grande partie de la population.

C'est contre toutes ces influences ennemies que luttent les catholiques de Jérusalem. La France a, là-bas, de nombreux représentants dont elle est fière. A côté du Patriarcat et de la Custodie de Terre-Sainte, nous nous plaisons à louer le zèle de nos missionnaires et de nos religieuses : les Frères des Ecoles chrétiennes ; les Pères blancs d'Alger qui desservent l'église française de Sainte-Anne et s'occupent de former, pour les Grecs-Unis, un clergé indigène romain ; les fils de Saint-Dominique, établis, près du tombeau des rois, sur les ruines de la basilique de Saint-Etienne ; les Assomptionnistes de Notre-Dame de France, restaurateurs de nos grands pèlerinages ; les Pères et les Dames de Sion, groupés autour des œuvres du P. de Ratisbonne ; parmi les femmes, les pauvres Clarisses, les Carmélites du Mont-des-Oliviers, les Filles de la Charité, les Sœurs Réparatrices, les Dames de Nazareth, les Sœurs de Saint-Joseph de l'Apparition. Ces pieux établissements, voués à toutes les œuvres de l'apostolat et de la charité, ne vivent, ne l'oublions pas, que de l'or de la France.

C'est avec émotion que nous rappelons le souvenir de nos frères d'Orient, l'accueil qu'ils réservaient aux pèlerins de la pénitence et les instants bénis que nous avons passés dans leurs sanctuaires.

Voici, près du Saint-Sépulcre l'immence couvent de Saint-Sauveur, avec son imprimerie, ses ateliers, sa riche et rayonnante basilique, son hôtellerie de Casa Nova.

Voici, au commencement de la Voie douloureuse, le couvent de Notre-Dame de Sion, bâti par le P. de Ratisbonne à l'*Ecce-*

Homo, sur l'emplacement du palais de Pilate. La chapelle laisse voir dans ses murailles l'arc d'où l'odieux proconsul montra Jésus-Christ à la foule; au-dessus de l'arcade se dresse l'émouvante statue du Christ couronné d'épines, *Ecce Homo*. Là, on prie pour la conversion des Juifs perfides ; là retentit ce chant plein de pitié et de larmes : *Pater dimitte illis*, « pardonnez-leur, ils ne savent ce qu'ils font. » Les anges au ciel chantent ainsi quand ils prient pour les pécheurs.

Nous descendons chez les Pères blancs, près de la porte de Marie, *Sitti-Mariam*. Voici l'église française de Sainte-Anne, restaurée par les soins du gouvernement ; dans la crypte de cette église, nous vénérons les grottes de l'Immaculée-Conception et de la Nativité de la sainte Vierge. La tradition orientale la mieux accréditée en Terre Sainte place le berceau de Marie à Jérusalem, dans la maison de Joachim et d'Anne, à proximité du Temple. Tout près de l'église Sainte-Anne, on montre la *Piscine probatique*, ou piscine des Brebis, ainsi appelée par ce qu'on y lavait les agneaux destinés au sacrifice. C'est là que Jésus guérit le pauvre paralytique.

X.

LA VOIE DOULOUREUSE.

Faire le chemin de la croix dans les rues de Jérusalem, c'est-à-dire aux lieux mêmes où s'est déroulé le drame de la Passion, n'était-ce pas le but principal de notre pèlerinage ? Aussi bien, cette route de Gethsémani au Calvaire, et particulièrement cette voie douloureuse qui commence au prétoire de Pilate, nous l'avons parcourue, non pas une fois, mais dix fois.

Chaque vendredi, le pèlerinage fait le chemin de la croix avec la plus grande solennité ; les pèlerins se disputent l'honneur de charger sur leurs épaules la croix de bois apportée de France. La procession pénètre dans la caserne turque, bâtie sur l'emplacement du palais de Pilate ; les soldats du Croissant font cercle et nous contemplent avec respect.

Un père franciscain se hausse sur une pierre et, d'une voix vibrante, retrace la scène dont ce lieu fut témoin, il y a dix-neuf siècles. Jamais prédication ne fut plus éloquente. Tout ici parle aux cœurs ; les murailles qui nous environnent, le sol que nous foulons aux pieds. C'est ici que Jésus a été iniquement condamné par les hommes !

Au pied de l'escalier qui descend de la caserne le Sauveur fut chargé de sa croix. Là commence la voie douloureuse : de là au Calvaire, on compte environ treize cents pas. On laisse à droite le sanctuaire de la Flagellation, on passe sous l'arc de l'*Ecce homo*. La rue descend et débouche dans le Large-Ravin : une colonne couchée à terre indique le lieu de la première chute du Sauveur. Trente mètres plus bas, Jésus fit la rencontre de sa sainte Mère ; là s'élève une vieille chapelle dédiée au spasme de la Sainte Vierge. Vingt mètres plus loin, un peu avant d'atteindre la maison du mauvais riche, nous quittons le Large-Ravin pour prendre une autre rue à droite ; nous sommes au pied de la colline qui conduit au Calvaire. A la jonction des deux rues, les soldats, en vertu du droit de réquisition, obligèrent Simon de Cyrène à prendre la croix et à la porter derrière Jésus. Une simple croix, taillée dans l'angle de la muraille, indique la station.

La montée devient rapide ; à la distance de quatre-vingt-six mètres, un débris de colonne fixé dans le pavé marque le lieu où une femme, touchée de compassion, s'approcha de Jésus et lui essuya respectueusement le visage. Qui était cette femme, et de quel pays ? La tradition ne l'a point dit d'une manière certaine. Elle s'appelait, dit-on, Bérénice : la reconnaissance chrétienne l'honore sous le nom de Véronique, qui signifie vraie image. Sur l'emplacement de la maison, s'élève une chapelle provisoire qui appartient aux Grecs-Unis et qu'ils dédient à la Sainte-Face.

Nous montons encore l'espace de soixante mètres; nous sommes devant l'ancienne *Porte judiciaire*, qui jadis fermait la ville de ce côté ; c'est par cette porte que passaient les condamnés pour aller au dernier supplice. Là eut lieu la seconde chute. Sur la *colonne des Sentences* dont il reste un débris, Jésus put lire l'écriteau qui relatait la sentence de sa condamnation.

Il a franchi la Porte judiciaire. A trente mètres des remparts, le Sauveur entend des sanglots ; il se retourne et console avec bonté les filles d'Israël qui le suivaient. La station se fait contre le mur d'un couvent de Grecs schismatiques.

Un pâté de maisons nous force à faire un assez long détour pour arriver au lieu de la troisième chute ; il est désigné par une colonne de marbre rouge, à l'entrée d'un couvent copte. Les cinq dernières stations se font à l'intérieur de la basilique du Saint-Sépulcre. Nous y pénétrons au chant des cantiques. Le Calvaire n'est pas assez vaste pour contenir la foule. Trois fois la procession fait le tour du saint tombeau ; c'est aux prêtres qu'est réservé l'honneur de porter la grande croix.

Du Saint-Sépulcre, nous descendons au fameux mur des Pleurs, où les Juifs viennent gémir et pleurer tous les vendredis de l'année. Nous traversons les quartiers les plus extraordinaires, des carrefours obscurs, et nous arrivons dans la vallée de Tyropéon, qui contourne le pied du Moriah. Jadis le temple de Salomon s'élevait au-dessus. Chaque vendredi, les juifs viennent là vénérer un pan de muraille, un reste de contrefort qu'ils disent avoir appartenu à l'enceinte extérieure du temple. Ils baisent avec respect ce mur aux lézardes profondes, semblables à des rides de vieillard ; ils prient, leur bible à la main, en se balançant de l'avant à l'arrière, frappant de la tête contre la pierre.

« A cause du temple qui est détruit, dit le rabbin, nous « sommes assis solitairement et nous pleurons, répond le « peuple. — A cause de notre majesté qui est passée, nous « pleurons. — Nous vous en supplions, rassemblez les enfants

« d'Israël. Hâtez-vous, Sauveur de Sion ; consolez ceux qui « pleurent sur Jérusalem. »

Pauvre peuple sans roi, sans autel, sans patrie, errant, maudit, sur toute la surface du globe ! Son aveuglement fait pitié. *Pater dimitte illis*...

XI.

GETHSÉMANI.

Pour gagner la solitude de Gethsémani, le pèlerin de Notre-Dame de France suit, vers l'est, une sorte de boulevard extérieur peu fréquenté. Il passe devant la porte de Damas, laisse à gauche l'immense grotte de Jérémie, puis descend dans la vallée que traverse le torrent de Cédron. Là il s'arrête, séduit par la beauté du panorama qui se déroule sous ses yeux. Devant lui se dresse à pic, vivant et gracieux, le Mont des Oliviers ; son versant se peuple de couvents et de chapelles. Au sommet, les constructions russes desquelles émerge un clocher peu gracieux qui semble se perdre dans les nues, la petite rotonde de l'Ascension, le Carmel du Pater. A mi-côte, une autre construction russe, un mausolée à coupoles en l'honneur d'une czarine.

Vers le bas de la colline, un riant jardin, clos d'un mur élevé, attire nos regards : c'est le jardin des Olives où Jésus aimait à se retirer le soir pour prier. Voici les huit vieux oliviers, témoins de la prière et de l'agonie du Maître ; ils portent, sur leurs troncs déchirés et leurs branches noueuses, les stigmates de vingt siècles.

Nous arrivons au seuil d'une vieille basilique, bâtie par Ste-Hélène et restaurée par les Croisés : c'est le Sanctuaire de l'Assomption. Les schismatiques sont là ; nous n'entrerons que lorsqu'ils auront terminé leur office. On descend à l'intérieur par un escalier de quarante-cinq marches, et on arrive au Sépulcre de Marie, taillé dans le rocher ; c'est de là que la Ste Vierge, après son court sommeil, fut transportée au ciel par les anges. Joachim et Anne, ses glorieux parents, ont aussi leurs tombeaux dans cette église. St Joseph a-t-il été inhumé avec eux ? quelques-uns le pensent ..

Nous avançons, par une ruelle étroite, l'espace de vingt mètres ; une porte basse nous donne entrée dans la sainte Grotte qui a vu les larmes et entendu les soupirs du Sauveur. Nous nous prosternons émus ; nos genoux, nos lèvres touchent le sol sur lequel ont coulé les gouttes de la sueur sanglante.

La grotte est conservée dans son état primitif ; elle mesure douze mètre de long sur huit de large. Trois autels y ont été dressés ; sur l'autel principal, où nous avons offert le Saint-Sacrifice, on lit écrits ces mots : *Hic factus est sudor ejus sicut guttœ sanguinis decurrentis in terram.* Ici Jésus eut la vision effrayante des péchés des hommes, et son âme a été triste jusqu'à en mourir. Ici, selon la saisissante pensée de Pascal, « Jésus a prié les hommes et il n'en a pas été exaucé. »

A la distance d'un jet de pierre, se trouve un large rocher sur lequel Pierre, Jacques et Jean dormaient pendant l'agonie de leur Maître. Tout près est le lieu de la trahison de Judas, une pierre marque ce lieu maudit. En face du rocher des Apôtres, on entre par une porte très basse dans le jardin de Gethsémani, gardé et soigné avec amour par les Pères de Terre-Sainte.

Ici commença le drame sanglant de la Passion du Sauveur. Le trajet de Gethsémani à la maison de Pilate s'appelle la Voie de la captivité ; la trahison de Judas en est la première station. Du jardin des Oliviers, la voie débouche dans la fameuse vallée de Josaphat, la vallée des larmes, de la mort et des tombeaux.

On traverse le torrent de Cédron pour entrer dans la ville ; le Sauveur tomba à cet endroit même, les empreintes de ses genoux et de ses mains se sont imprimées dans la pierre. Nous laissons, à notre gauche, les tombeaux d'Absalon, de Josaphat, de l'apôtre St Jacques, premier évêque de Jérusalem ; plus loin le village et la fontaine de Siloé; le champ d'Haceldama. En moins de vingt minutes, nous arrivons sur la montagne de Sion; là habitaient les grands prêtres Anne et Caïphe. Sur l'emplacement de leurs palais s'élèvent aujourd'hui des couvents d'Arméniens schismatiques.

Ici le Sauveur subit son premier interrogatoire, fut indignement souffleté par les valets du grand grand-prêtre. Ici, dans la cour, Pierre renia son Maître; c'est de là qu'il sortit pour aller pleurer son reniement dans la grotte appelée depuis *in galli cantu.*

Condamné par les grands-prêtres, Jésus fut amené au tribunal du procureur romain, à l'Antonia; Pilate y rendait la justice dans une salle de son palais appelée *Prétoire.* Du mont Sion au Prétoire, la distance est de treize cents pas. Renvoyé par Pilate au roi Hérode, alors à Jérusalem, par Hérode à Pilate, le Sauveur fut condamné par celui-ci au sanglant supplice de la flagellation. Ce supplice n'ayant pas suffi pour satisfaire la fureur des bourreaux, les soldats du gouverneur ramenèrent Jésus dans la cour du Prétoire: là eut lieu le couronnement d'épines, à l'endroit où s'élève aujourd'hui une petite mosquée.

Enfin Pilate prononça la sentence de mort par la formule consacrée: *I, lictor, expedi crucem.* Il était alors assis sur son tribunal en dehors du Prétoire, au lieu appelé *Lithostrotos,* pavé de pierre que les Dames de Sion ont pu mettre à nu dans les souterrains de leur couvent.

XII.

BETHLÉEM.

Allons à Bethléem, la *maison du pain* qui donna au monde le froment de vie; elle n'est qu'à deux heures de marche de Jérusalem. On suit d'abord une belle route, la nouvelle grande route d'Hébron; puis, au tombeau de Rachel, on prend à gauche

Nous sommes sur la montagne chère à Marie, dans le premier de tous les sanctuaires érigés en son honneur. On raconte que la douce Vierge quittait souvent Nazareth pour visiter le Carmel. Là fut la demeure de prédilection des prophètes Elie et Elisée; là, dans cette grotte nue, creusée dans le rocher, au-dessous du maître-autel, voici l'endroit où le prophète mettait son pain et sa cruche d'eau. Sans doute, il eut ici plusieurs visions de Dieu, la révélation du mystère de l'Incarnation et celle de la Vierge Immaculée. Quelle est belle, douce, consolante, la Madone du Mont-Carmel ! On dit qu'elle est un présent du pape Pie IX.

Que de souvenirs se rattachent à ces lieux vénérés ! Ici la chapelle de saint Simon Stock ; plus loin la vallée des Martyrs, le couvent de saint Brocard, la fontaine d'Elie ; sur les flancs de la montagne, nombre de grottes qui servirent autrefois de retraite aux fils des prophètes. Les heures passent vite au Carmel ; il faut partir, mais c'est pour Nazareth.

La route sera longue; on part de grand matin. Les *intrépides* sont à cheval, les timides en voiture. La caravane offre l'aspect le plus curieux ; rien des costumes qui souvent sont ridicules. Plus ravissant est le coup-d'œil que présente la descente de la montagne : à notre gauche, la mer bleue ; en face, la plage qui s'étend de Caïpha à Saint-Jean-d'Acre ; dans le lointain, les cîmes glacées du Liban ; à l'est, l'œil plonge dans la longue et fertile plaine d'Esdrelon et se repose sur les coteaux de Nazareth.

V.

NAZARETH.

Enfin, voici les collines chéries de Notre-Seigneur et de sa Mère ! Voici, étagée comme les gradins d'un cirque, la petite ville blanche ! Elle est cachée comme la vie de Jésus, humble comme l'existence de Marie, mystérieuse comme les choses un chemin rocailleux qui conduit en une demi-heure à la cité de David.

Chemin faisant, nous avons traversé la fameuse plaine des Raphaïm ou des Géants. Voici le puits des Mages, sur le bord de la route ; c'est de cet endroit que les rois de l'Orient revirent l'étoile qui s'était momentanément éclipsée. Plus loin apparaît le rocher sur lequel le prophète Elie découragé se coucha, quand il fuyait les fureurs de la reine Jézabel. Le couvent grec de St-Elie domine la colline. Le coup-d'œil est splendide, on aperçoit, au nord, les dômes et les murailles de Jérusalem ; on découvre, au midi, les maisons blanches de Bethléem, l'église et le couvent de la Nativité. La ville est assise sur le penchant d'un verdoyant coteau.

De tout près, Bethléem a une physionomie moins triste que Jérusalem. Presque tous ses habitants sont catholiques ; on devine la sympathie sur ces bons visages bronzés qui nous disent bonjour en souriant. Les femmes portent le costume antique des femmes juives, la grande robe à raies, serrée à la taille par une ceinture de couleur. Elles sont coiffées d'une petite mitre en toque très-riche, recouverte de pièces d'argent ; un grand voile est suspendu à la mitre et flotte gracieusement sur les épaules. Telles, on se représente Esther, Judith...

Le couvent de la Nativité, situé à l'extrémité de la ville, est une immense forteresse, occupée par les Latins, les Grecs, les Arméniens et les soldats turcs. Au centre se trouve la vieille basilique construite par sainte Hélène, le plus beau monument de l'architecture chrétienne qui soit en Palestine. Quarante-huit colonnes d'ordre corinthien la partagent en cinq nefs ; point de voûte ni de plafond, mais une charpente qui fait l'admiration des visiteurs. Ce beau monument, les Grecs nous l'ont volé.

Voici, sous le chœur de la basilique, la grotte où Jésus est né ! La grotte bénie où il a vécu les premiers jours, où il a reçu les premiers hommages des anges et des hommes ! Ce n'est pas dans une étable construite de main d'homme que le Sauveur a pris naissance, mais dans une de ces grottes naturelles, creusées dans le roc, comme il y en a tant autour de Jérusalem ; elles servaient d'abri aux animaux et aux bergers.

La grotte de la Nativité mesure douze mètres de long, trois à quatre mètres de large et trois de haut ; on y descend par deux escaliers. Une tapisserie en amiante, don de la France, recouvre les parois ; à la voûte sont suspendues cinquante-trois lampes toujours allumées.

A l'extrémité de la grotte, nous vénérons le sanctuaire de la Nativité ; c'est une cavité demi-circulaire creusée dans le rocher : c'est là que la Vierge Marie donna le jour au Fils de l'Eternel, l'an 4000 de la création. Une étoile d'argent marque ce lieu sacré que nous baisons avec transport. Nos yeux se remplissaient de larmes en y lisant ces mots : *Hic de Virgine Maria Jesus Christus natus est.* Les Grecs encore ont su, hélas ! s'emparer de ce sanctuaire.

A deux ou trois mètres plus loin, sur la droite, se trouve une seconde cavité où l'on descend par trois marches. Voici une sorte d'auge en pierre ; c'est là que Marie couchait l'Enfant-Jésus dans la crèche. La crèche est à Rome ; mais l'auge est encore ici. Au-dessus un tableau représente l'adoration des bergers : nous avons pu écarter le tableau, et coller nos lèvres contre la roche nue.

En face de la crèche, et dans la même cavité, s'élève l'autel de l'Adoration des Mages, à l'endroit où les premiers pèlerins de Bethléem rendirent leurs hommages empressés au nouveau Roi dont ils avaient vu l'étoile en Orient. C'est sur cet autel que nous avons eu le bonheur d'offrir le Saint Sacrifice, le mardi 24 mai dernier, à l'heure de minuit.

Au fond de la grotte de la Nativité, une porte donne entrée dans une chapelle dédiée à saint Joseph, à l'endroit où, dit-on, il reçut d'un ange, pendant son sommeil, l'ordre de partir pour l'Egypte avec l'Enfant et sa Mère. De là on descend par un escalier de cinq degrés dans la grotte des Saints Innocents ; le caveau, sous l'autel, renferme quelques restes de ces tendres fleurs cueillies sur le seuil même de la vie. Un étroit couloir conduit à d'autres grottes où sont les tombeaux du grand saint Jérôme, d'Eusèbe de Crémone, son disciple, des illustres romaines Paule et Eustochie. Puis on remonte à l'église franciscaine de sainte Catherine.

La ville mérite aussi notre visite : le couvent des Carmélites, l'hospice de dom Belloni, le dom Bosco de la Palestine ; les magasins remplis d'objets de piété, les ateliers où la nacre est travaillée avec tant d'art ; la grotte du Lait où Marie s'arrêta avant de fuir en Egypte ; au bas du coteau, le village et la grotte des pasteurs où les anges ont chanté le *Gloria in excelsis ;* tout près, le champ de Booz où vint glâner Ruth la Moabite, la plaine où le jeune David faisait paître les troupeaux de son père. — Quelle moisson de souvenirs !

XIII.

HÉBRON.

De bon matin nous disons adieu à la grotte bénie de Bethléem, aux bons religieux de S. François qui nous ont fait un si bienveillant accueil, aux sympathiques Bethléémitains, et nous prenons la route d'Hébron. Le trajet se fait en voiture. La caravane était peu nombreuse, mais elle avait la bonne fortune d'être guidée par un Père dominicain de Jérusalem, lequel connaît à fond tous les pays bibliques.

Nous faisons une première halte aux Vasques de Salomon. Nous descendons dans une fondrière, c'est la *Fontaine Scellée* du Cantique des cantiques. Un escalier de vingt-six marches nous introduit dans une première chambre voûtée, puis dans une seconde au fond de laquelle coule une source abondante et pure. Cette source alimente les Vasques de Salomon ; jadis elle arrosait l'*Hortus conclusus*, et par un canal arrivait jusqu'à

Jérusalem pour se déverser dans la mer d'airain du temple. Les étangs sont au nombre de trois ; ils ont de quatre à six cents pieds de long, deux cent cinquante de large et cinquante de profondeur. Une multitude d'oiseaux gris cendrés se baignaient avec délices dans ces eaux claires et chantaient à ravir. Autrement c'est la solitude la plus complète.

Nous arrivons aux ruines d'Eleuthéropolis, près d'une source magnifique qu'on appelle la Fontaine de Saint-Philippe. Est-ce là que l'apôtre baptisa l'eunuque de la reine Candace ? Certains auteurs le croient ; pourquoi pas ? puisque nous sommes sur la route de Gaza:

Le paysage prend un aspect de plus en plus monotone ; les montagnes sont nues, blanches, pierreuses. Les bédouins seuls errent sur les hauteurs, leurs longs fusils à la main.

Enfin nous descendons dans une vallée verdoyante et fleurie, c'est l'Ouâdhi-el-Kalil, la vallée de l'*Ami de Dieu,* la vallée de Mambré, dont le nom rappelle les souvenirs gracieux et sublimes des premiers âges du monde ; là ont vécu les saints patriarches Abraham, Isaac, Jacob, conversant familièrement avec Dieu et les anges. La vallée est d'une fertilité merveilleuse ; la vigne y croît en abondance et le raisin y atteint une grosseur prodigieuse, comme au temps où Moïse envoyait ses espions explorer la terre de Chanaan.

Voici l'énorme chêne d'Abraham, comme on l'appelle ; il porte les marques de plusieurs siècles. C'est sous l'ombrage d'un arbre semblable à celui-ci, que Dieu lui-même apparut au patriarche, sous la forme de trois anges, image de la Trinité : *tres angelos vidit et unum adoravit.*

Nous arrivons au sommet du dernier coteau ; nous saluons la ville fondée par Héber, par conséquent une des plus anciennes villes du monde. Elle nous apparaît enfermée entre deux collines comme dans un berceau ; les maisons sont étagées autour d'un vaste monument qui domine toute la ville et qui est la grande relique d'Hébron, la mosquée où dorment les patriarches Abraham, Isaac et Jacob, et leurs femmes Sara, Rebecca et Lia.

Quand les espions de Moïse revinrent au camp, ils rendirent ainsi compte de leur mission : « C'est un pays où coulent le lait et le miel ; mais le peuple qui l'habite est terrible... » Les habitants actuels d'Hébron ont conservé la réputation d'hommes violents ; c'est la ville musulmane la plus fanatique de Palestine, pas un chrétien ne l'habite. De fait nous sommes assez mal accueillis ; sur la petite place qui précède la grande mosquée, les musulmans se rassemblent et nous font grise mine. Impossible de pénétrer à l'intérieur du monument ; il faut nous contenter d'en faire le tour et d'en contempler les murs aux assises gigantesques, comme le sont tous les monuments de l'époque Salomonienne.

La mosquée est construite au-dessus de l'ancienne caverne dont Abraham fit sa sépulture et celle de sa famille : là, en effet, reposent ses cendres. Franchissons par la pensée l'enceinte sacrée, prosternons-nous devant le tombeau du père des croyants, et conjurons-le de raviver en nos âmes la foi au mystère dont il eut le premier une révélation distincte : Gloire au Père, au Fils et au Saint-Esprit.

XIV.

LE MONT DES OLIVIERS.

Nous sommes au matin de l'Ascension ; c'est sur la chère montagne des Oliviers que le pèlerinage a l'immense joie de célébrer cette fête.

Nous partions seuls de Notre-Dame de France ; le soleil se levait derrière les monts de Judée et dorait de ses premiers feux les coupoles de la ville sainte. Chemin faisant, mille souvenirs se présentaient à notre esprit. Nous revoyons le Maître, au matin du quarantième jour après la résurrection, quitter le

Cénacle, descendre du mont Sion vers la vallée de Josaphat, suivi de Marie, sa mère, et des cent-vingt disciples. Ceux-ci avaient le cœur rempli de tristesse ; Jésus leur avait dit : « Je vais remonter vers mon Père, il est nécessaire pour vous que je m'en aille. »

Puis Jésus traversait le Cédron, comme au jour de ses douleurs, et passait près du jardin de Gethsémani ; son âme dut frémir alors au souvenir de l'agonie sanglante.... Il montait ensuite le sentier qui mène à Béthanie par la colline des Oliviers. A mi-côte, il s'arrêtait sans doute et se retournait vers Jérusalem dont le panorama se déroulait tout entier sous ses yeux ; il était à l'endroit où, la veille de la Passion, il avait pleuré sur la ville infidèle, la ville qu'il avait tant aimée et qui n'avait pas su profiter des jours du salut.

Enfin il arrivait au sommet des Oliviers, disait adieu à Marie, à ses chers apôtres, les bénissait, et, à leur vue, s'élevait dans les airs.

Une petite rotonde indique ce lieu sacré et renferme la roche d'où le Sauveur prit son essor vers le ciel. Nous tombons à genoux ; nous baisons avec émotion la pierre sur laquelle il a laissé l'empreinte de son pied. On a peine, il est vrai, à distinguer la forme du pied ; ce n'est plus qu'un creux usé par les baisers des fidèles. Mais cela n'empêche pas la relique d'être très authentique. Précieuse relique ! Doux héritage du Seigneur s'en allant vers la gloire ! Pourquoi ce lieu n'est-il plus à nous ? La magnifique église, élevée ici jadis par la piété de sainte Hélène, est tombée sous le marteau destructeur de Chosroès.

Voici les Grecs schismatiques, les Arméniens, les Russes ; ils envahissent le petit sanctuaire pour y célébrer leur office ; il faut sortir. Nous allons nous réfugier au Carmel du Pater.

Ce couvent a été bâti en 1869, par les soins de la princesse de la Tour d'Auvergne, tout près du lieu de l'Ascension, à la place même où, selon la tradition, Notre-Seigneur enseigna une seconde fois le *Pater* aux apôtres. Les Carmélites y furent installées en 1876. Le beau cloître gothique du couvent contient gravée sur des tablettes de marbre, en trente-deux langues, la sublime prière de Jésus. C'est là que nous célébrons la sainte messe.

Près du Carmel nous visitons la grotte du Credo, au lieu même où, dit-on, les apôtres rédigèrent le symbole ; à deux cents mètres plus bas, les ruines de l'ancienne église du *Dominus flevit*, là où le Sauveur pleura sur Jérusalem. La cité déicide s'étend devant nous assise sur ses six collines. Le coup-d'œil est superbe. Mais combien plus belle encore elle devait être jadis, la Fille de Sion, avec son temple magnifique et ses palais dorés !

Nous contournons le couvent du Carmel, du côté de l'Orient. La vue change : c'est le désert de Judée, des montagnes arides et nues, la vallée du Jourdain, le bassin profond de la mer Morte. Cette mer apparaît, sous le reflet d'un soleil brûlant, comme un lac de métal en fusion. Derrière les montagnes de Moab, le mont Nébo... Notre-Seigneur ne pouvait choisir un site plus beau pour monter au ciel ; c'est un second Thabor, aussi merveilleux que le premier.

Nous descendons le mont des Oliviers du côté de Béthanie ; là habitaient les amis du Sauveur, Lazare, Marthe et Marie, ses sœurs. Le pauvre village est à nos pieds ; il a maintenant la tristesse d'une fleur desséchée ; une vieille tour en ruines le domine. Voici les ruines de la maison de Simon, le lépreux, chez qui Madeleine répandit des parfums sur la tête du Seigneur ; un peu plus loin était la maison des amis de Jésus. Un obscur escalier de vingt-cinq marches nous conduit dans le tombeau de Lazare : c'est une grotte pratiquée dans le rocher et divisée en deux chambres. Le Sauveur se tenait dans la première ; pour pénétrer dans la seconde, où le mort reposait, il nous faut ramper sur nos genoux. La lecture du récit évangélique nous fait assister à l'émouvante scène. Nous revoyons le Sauveur debout à l'entrée du caveau ; d'une voix haute et puissante, il commande au mort : « Lazare, viens dehors ! » Lazare sort à l'instant, couvert de bandelettes : « Déliez-le, dit le Maître, et laissez-le aller. »

Bethpagé était dans le voisinage de Béthanie, mais il n'en

reste nulle trace. A cent mètres du village, on montre une roche qu'on appelle la *pierre du colloque.* Jésus était assis sur cette pierre, lorsque Marthe, apprenant le retour du Seigneur, vint à sa rencontre et lui dit : « Maître, si vous aviez été ici, mon frère ne serait pas mort. — Votre frère résuscitera, avait répondu Jésus, je suis la résurrection et la vie ; celui qui croit en moi, même quand il serait mort, vivra ; croyez-vous cela ? — Oui, Seigneur, je crois que Vous êtes le Christ Fils de Dieu. »

Quelle scène vivante et sublime ! L'Eglise n'a pas d'autre consolation à présenter à ceux qui pleurent, que de leur répéter la parole du Maître : « Celui qui croit en moi vivra. »

XV.

LE JOURDAIN ET LA MER MORTE.

Le lundi 30 mai, nous prenions joyeux la route de Jéricho, du Jourdain et de la mer Morte. Dieu nous réservait, ce jour-là, la grande épreuve de notre pèlerinage. Un de nos prêtres, jeune encore, se laissait emporter par sa monture et faisait une chute malheureuse, sur la nouvelle route de Béthanie, à une demi-heure de Jérusalem, au lieu où le Sauveur aurait maudit le figuier stérile. Lorsque nous pûmes le rejoindre, il était étendu sans vie, le crâne fracassé. Ramené sur le champ à Notre-Dame de France, les catholiques de la ville sainte lui firent le lendemain de touchantes obsèques ; il fut inhumé dans la grotte des Larmes de saint Pierre.

Nous continuons notre route, attristés par ce douloureux évènement. Nous revoyons Béthanie, la Pierre du colloque. Nous passons près de la Fontaine des Apôtres où l'on suppose que Jésus et ses disciples ont dû plus d'une fois se désaltérer ; elle coule sous une arcade ogivale. Le coup-d'œil devient fantastique. Devant nous les montagnes arides de Juda, étagées jusqu'à la plaine du Jourdain : pas un brin d'herbe pour reposer nos regards, pas un ruisseau pour égayer ces solitudes. A l'horizon se découvrent les cimes de Moab, les monts d'Arabie ; à leurs pieds coule le Jourdain et repose la mer Morte.

Nous côtoyons des précipices sans fond. Voici le village d'Adurim, le lieu que Notre-Seigneur visait en racontant la parabole du Bon Samaritain; l'auberge du *Khan-el-Amar* répondrait à l'hôtellerie où cet homme charitable aurait déposé son pauvre blessé.

Un gouffre effrayant, une crevasse gigantesque s'ouvre devant nous dans le flanc de la montagne : c'est l'*Oued-el-Kelt*, l'ancienne Carith de la Bible où, par l'ordre de Dieu, le prophète Elie se cacha et fut nourri par un corbeau. Au-dessus de cet abîme que sillonne le torrent du Nahr-el-Kelt, s'élève un vieux couvent, accroché comme un nid d'aigle aux parois rocheuses ; il est maintenant habité, comme le couvent de Saint-Sabas, par des moines grecs.

Enfin, après une marche de six heures, nous entrons dans la plaine de Jéricho, dont le niveau est à mille mètres au-dessous de Jérusalem. De l'antique Jéricho il ne reste rien, qu'un amas de décombres et quelques misérables huttes. Voici, cependant, des constructions toutes récentes : un hôpital russe et l'hôtel du Jourdain où les pèlerins sont attendus.

Le souvenir du Maître est vivant en ces lieux ; il y descendit jusqu'à trois fois pendant sa vie publique, rendit la vue à plusieurs aveugles et convertit le publicain Zachée. Nous cherchons en vain l'arbre sur lequel la grâce divine alla surprendre cet homme, et la maison où il accueillit Notre-Seigneur.

Le souvenir d'un autre miracle nous amène à la Fontaine d'Elisée. Au pied des ruines de l'antique Jéricho, au milieu des broussailles et des épines, coule une source abondante ; les Arabes l'appellent *Aïn-Sultan*, la fontaine du roi ; elle prodigue autour d'elle la fraîcheur et la fécondité, et fait dans ce pays déshérité une véritable oasis. Jadis les eaux de cette source étaient amères ; à la voix d'Elisée elles devinrent douces et saines. Aujourd'hui elles sont chaudes à leur sortie du rocher, elles brûlent au lieu de rafraîchir.

Après une nuit sans sommeil, le sommeil est difficile avec trente-cinq degrés de chaleur, nous partons de bon matin pour le Jourdain. Nous marchons à travers une plaine aride. Voici les ruines de l'ancienne *Galgala* où Josué fit ériger douze pierres en souvenir du passage du Jourdain. Voici le couvent grec de Saint-Jean-Baptiste, à trois cents mètres du fleuve. Puis la verdure devient plus animée ; à travers des buissons touffus, des saules épais, nous apercevons une eau jaunâtre et boueuse, qui coule avec une grande rapidité. C'est le Jourdain ! Quel nom pour un chrétien ! Il sonne comme Jérusalem, Nazareth, Tibériade, Sion, Béthléem. Jamais fleuve n'a vu de si grands évènements.

Les eaux du Jourdain se sont divisées, à l'approche de Josué, pour livrer passage à l'arche d'alliance et à tout le peuple d'Israël. Ici, à la voix du prédicateur de la pénitence, à la voix de Jean-Baptiste, les peuples se précipitaient pour recevoir le baptême. Sur ces rives, le Précurseur criait à la foule, en voyant paraître Jésus : « *Voici l'Agneau de Dieu, Celui qui efface les péchés du monde.* » Dans ces flots, le Christ, Fils de Dieu, le Saint des Saints, a daigné descendre au rang des pécheurs et recevoir leur baptême. Les échos de ces lieux ont tressailli à la voix de l'Eternel : « *Celui-ci est mon Fils bien-aimé en qui j'ai mis toutes mes complaisances.* » — Quelle joie de chanter avec notre Racine :

> O rives du Jourdain, o champs aimés des Cieux ! –
> Sacrés monts, fertiles vallées
> Par cent miracles signalées !

Tous ces grands souvenirs occupaient notre pensée, animaient nos prières, pendant que l'un de nos prêtres offrait le saint sacrifice. Quelle poésie dans cette messe célébrée en face du Jourdain ! Quel bonheur nous avions à redire les cantiques d'Israël, *Mare vidit et fugit, Jordanis conversus est retrorsûm !*

Mais déjà il faut partir, le soleil monte, nous devons atteindre la mer Morte avant la grande chaleur. Pendant une demi-heure, nous côtoyons le fleuve, respirant avec délices l'air frais et embaumé de ses rives. Plus d'une rivière en France ressemble au Jourdain. A voir ces légers feuillages qui frissonnent sous la brise, ces saules, ces peupliers, ces roseaux, entrelacés de vigoureuses lianes, on se croirait presque transporté sur les bords de la Marne. Le courant est rapide et répond justement à l'étymologie du mot Jourdain ; depuis Tibériade jusqu'à son embouchure, il a deux cent cinquante mètres de pente.

Nous quittons le fleuve pour reprendre la plaine et nous diriger en ligne droite vers la mer Morte. Quel changement subit dans la nature ! Nous entrons sur un sol maudit, désolé, stérile. Jadis c'était la vallée riche et riante de Siddim ; Loth l'avait choisie comme la contrée la plus belle et la plus fertile, comme le jardin de Jéhovah. La malédiction divine en a fait le désert le plus affreux.

Peu à peu les dépressions du terrain s'accentuent ; et bientôt les incrustations salines, les taches de matières bitumineuses nous indiquent que nous sommes dans l'ancien lit de la mer Morte : preuve qu'elle se retire peu à peu dans son gouffre.

Enfin voici la nappe argentée de la mer maudite. Profondément encaissée dans les montagnes de Moab et de Juda, elle nous apparaît éblouissante de lumière, unie comme une glace dans laquelle se mire le soleil, un soleil des tropiques. L'éclat incomparable de cette mer d'huile, immobile dans cette solitude, donne une impression de lugubre beauté. Un éternel silence plane sur ces régions ; la vie a fui et l'homme ne saurait s'y asseoir longtemps. Pas un oiseau ne vole sur ce lac empesté ; pas un poisson dans cette eau de pétrole, pas une barque sur ces flots alourdis, pas un brin d'herbe sur cette rive desséchée. Au fond de cet abîme reposent les villes maudites, Sodome et Gomorrhe.

Le rivage de la mer est recouvert de sable et de cailloux polis et variés à l'infini, de branches et de troncs d'arbres, entraînés par le Jourdain et entassés pêle mêle. Nous sommes frappés de la transparence des eaux, limpides et claires comme le cristal; aucune vague ne les sillonne, *nec vento impellitur*, au dire de Tacite. L'eau est chaude, vingt à vingt-cinq degrés, affreusement caustique, composée de soude, de chlore, de potasse et autres substances méphitiques.

Ce lac étrange a une longueur de vingt lieues, une largeur de cinq, et une profondeur de quatre cents mètres. Nous sommes là au lieu le plus bas du globe qui puisse être habité par l'homme, quatre cents mètres au-dessous de la Méditerranée; l'élévation de la température correspond à cet affaissement du sol. On y respire une atmosphère embrasée.

Nous contemplons le sombre panorama qui se déroule sous nos yeux. A notre droite, voici les sommets arides des monts de Judée; la colère de Dieu les a brûlés de ses feux. De ces roches sauvages, de ces ravins désolés sortit un jour le Précurseur. Il avait un vêtement en poil de chameau, autour de ses reins une ceinture de cuir. L'homme était à lui seul tout un discours, et il avait raison de s'appeler *une voix qui crie*. Sa parole puissante et rude ébranla le désert et convoqua Israël à la pénitence.

Plus bas fut Sodome; une montagne de sel gemme et de gypse sert peut-être de tombeau à la ville infâme. A notre gauche se dresse le mont Nebo d'où Moïse, avant de mourir, put un instant contempler la Terre Promise,

Au fond du panorama, derrière la ligne verte du Jourdain, s'ouvre la Pérée. Là, Elie fut enlevé sur un char de feu. Là, Jean-Baptiste avait établi le centre de ses prédications. Là aussi, Jésus exerça son ministère évangélique depuis la fête des Tabernacles jusqu'au jour où la mort de Lazare l'appela à Béthanie; il y fut accueilli avec non moins de faveur qu'en Galilée. C'est aux auditoires de Pérée qu'il adressa ses plus touchantes paraboles, celles qui prêchent les miséricordes et les tendresses de Dieu pour les pécheurs...

La chaleur devient étouffante; il nous faut fuir au plus vite, afin de retrouver à Jéricho un peu d'ombre et les rafraîchissements nécessaires.

Le lendemain, nous reprenions la route de Jerusalem, par le mont de la Quarantaine, tout voisin de Jéricho, et la sainte Grotte où Jésus jeûna. Elle appartient aux Grecs schismatiques. Pour y arriver, il faut gravir à pic le flanc de la montagne. Jésus avait admirablement choisi le lieu de sa retraite et de sa prière.

XVI.

LE MONT MORIAH.

Le temple que Jésus avait maudit la veille de sa Passion, n'était plus le temple bâti par Salomon. Ce grand roi en avait fait une des merveilles du monde. Construit sur les sommets du mont Moriah, à l'endroit même où, selon la tradition, s'était accompli le sacrifice d'Abraham, le temple s'élevait en amphithéâtre sur la vallée de Josaphat. On l'apercevait de très loin. Il apparaissait, aux yeux éblouis des pèlerins, comme une montagne d'or et de marbre blanc. C'était une suite de galeries et de colonnades enclavées les unes dans les autres et superposées ; à leur sommet dominait cette partie du sanctuaire appelé le Saint des Saints, où l'arche d'alliance résidait.

Détruit par Nabuchodonosor lorsqu'il prit Jérusalem, le temple fut reconstruit par Zorobabel sur le plan de Salomon. Mais hélas ! ce qui faisait la gloire du premier, manquait au second. Depuis la Captivité, l'arche d'alliance n'existait plus. Qu'était-elle devenue ? On n'a jamais pu le découvrir.

Le temple de Zorobabel tombait en ruines, lorsque le premier Hérode monta sur le trône. Celui-ci résolut de reconstruire l'édifice en entier et d'égaler, s'il le pouvait, la magnificence de Salomon. Pendant un demi-siècle on y travailla. Lorsque Marie vint au temple pour y demeurer, les travaux étaient dans leur plein, et ne finirent qu'après la mort du Sauveur.

« Vous voyez ces constructions, disait un jour Notre-Seigneur à ses apôtres ; il n'en restera pas pierre sur pierre. » En effet, pas une pierre n'est restée debout. C'est à peine si dans les murs énormes qui soutenaient les fondations, nous pouvons remarquer quelques blocs gigantestesques, restes authentiques du palais de Salomon.

Deux fois nous avons pu pénétrer dans l'enceinte sacrée. L'aire du temple mesure cinq cents mètres de long et trois cents de large. Nous essayons de refaire le temple, à l'aide de nos souvenirs bibliques. Laissant derrière nous la célèbre tour Antonia, bâtie sur un roc escarpé, nous entrons dans une première enceinte : c'était le portique des Gentils ; sous ce portique étaient établis les changeurs et les vendeurs que Jésus chassa impitoyablement de la maison de son Père. Nous montons sur une plateforme dallée en marbre, c'était la cour des Israélites : là se tenait le peuple, en attendant l'heure des sacrifices ; là se promenaient les pharisiens, les scribes et docteurs, discourant sur la loi, mêlés aux foules. Jésus y vint souvent, mais il n'alla jamais plus loin. A l'intérieur du parvis des Juifs se trouvait l'autel des holocaustes, où les prêtres sacrifiaient. Trois portes à battant d'argent fermaient cette partie du temple et ouvraient sur le parvis des prêtres : là étaient la table des pains de proposition, le chandelier aux sept branches, et au milieu l'autel des parfums. Enfin venait le Saint des Saints, la partie la plus sacrée du temple ; Salomon en avait fait le sanctuaire de l'arche d'alliance. Un voile splendide décoré de chérubins d'or cachait l'entrée du Saint des Saints, où seul le grand prêtre pénétrait une fois l'an.

La fameuse mosquée d'Omar occupe aujourd'hui l'emplacement de l'antique sanctuaire d'Israël ; elle est splendide, ruisselante de marbres polis de mosaïques et d'or. Elle abrite, sous sa coupole, la célèbre roche *El-Sakrah* ; sur cette roche nue, Abraham construisit le bûcher où son fils Isaac devait être immolé ; c'est elle que Dieu désigna plus tard à David pour servir de piédestal à l'arche d'alliance, et, quand Salomon eut édifié le temple, cette arche y reposa plus de quatre cents ans. Tels sont les grands souvenirs de cette pierre.

Nous nous dirigeons vers le sud ; un escalier de vingt marches nous amène devant un grand bassin que l'on croit être la mer d'airain du temple. Un autre escalier de dix-huit marches nous conduit dans un souterrain qui s'ouvre sous la mosquée d'*El-Aka* ; c'est ce qu'on appelle les écuries de Salomon ; il nous serait difficile de dire pourquoi.

A l'extrémité de l'esplanade du temple, s'élève la mosquée d'El-Aksa, qui fut jadis l'église de la Présentation, bâtie, dit-on, par Justinien. Ce beau monument garde encore les traces de la destination première ; il a sept nefs et la forme d'une croix. Vers l'extrémité de la grande nef, on place le lieu de l'habitation de la Sainte Vierge chez la prophètesse Anne, quand elle se consacra au service du temple ; ce serait là aussi qu'elle présenta plus tard son divin Enfant et qu'elle le racheta, suivant la loi de Moïse.

Poursuivant notre visite, nous arrivons à la Porte Dorée, la plus belle de Jérusalem ; ce fut par cette porte que Notre-Seigneur fit son entrée solennelle, le dimanche des Rameaux. Une tradition rapporte qu'ici même un ange apparut à saint Joachim et lui annonça la naissance de Marie.

XVII.

SAINT-JEAN-DANS-LA-MONTAGNE.

Le samedi vigile de la Pentecôte, le pèlerinage faisait sa dernière excursion *extrà muros*, à Saint-Jean-dans-la-Montagne, la patrie du Précurseur, à deux lieues de Jérusalem. Deux sanctuaires nous y attiraient. Le sanctuaire de la Nativité de saint Jean-Baptiste et celui de la Visitation de la

Vierge Marie. Suivant la tradition la mieux établie, c'est là qu'habitaient Elisabeth et Zacharie, quand les fonctions de celui-ci ne l'appelaient pas au Temple ; c'est là qu'est né le plus grand des enfants des hommes ; c'est là, au pays des montagnes, que Marie est venue près de sa cousine, là qu'elle a demeuré pendant trois mois.

Nous sortons de la Ville sainte par la porte de Jaffa ; à gauche nous laissons la Piscine supérieure, *Birket-Mamilla*, sur les bords de laquelle Isaïe fit entendre cette prophétie célèbre : « Voici qu'une Vierge concevra. » Puis la route serpente au milieu des rochers ; nous traversons la vallée fleurie des roses, un vignoble tout verdoyant près du couvent grec de Sainte-Croix, et nous atteignons le sommet d'une dernière colline. Voici, au fond d'un gouffre, un village frais et gracieux, c'est Ain-Karim, comme l'appellent les musulmans, ou Saint-Jean-dans-la-Montagne, du nom que lui donnent les chrétiens.

Nous allons droit au sanctuaire de la Nativité de Saint-Jean, bâti sur l'emplacement de la maison de Zacharie. C'est une église à trois nefs, décorée dans le goût oriental. A gauche du maître-autel, nous descendons, par un escalier de marbre, dans une grotte qu'éclaire seule la lumière des lampes. Sous la table de l'autel, nous lisons ces mots : *Hic Præcursor Domini natus est*, ici est né le Précurseur du Seigneur. C'était une des chambres de la maison de Zacharie et d'Elisabeth. Des bas-reliefs en marbre blanc retracent les principales scènes de la vie du saint Précurseur. C'est là que nous offrons le saint sacrifice, que nous chantons le cantique de Zacharie : Béni soit le Seigneur, le Dieu d'Israël, de ce qu'il a visité et sauvé son peuple.

Le couvent de Saint-Jean est habité par des Franciscains espagnols à qui est confiée la garde du sanctuaire ; ils nous font l'accueil le plus aimable. Nous les quittons trop tôt, car nos heures sont comptées, pour monter à la chapelle de la Visitation, élevée en face d'Ain-Karim sur le versant de la colline opposée, à dix minutes de distance. C'est là que la vierge Marie aurait rencontré sa cousine Elisabeth, et qu'elle aurait reçu de celle-ci le salut prophétique : « Vous êtes bénie entre toutes les femmes et le fruit de vos entrailles est béni. » A ce salut Marie répondit par le *Magnificat*.

Nous marchons pour ainsi dire sur les pas de la divine Vierge. Ce sentier qui serpente sur le flanc de la montagne, elle l'a suivi comme nous. Elle est venue puiser de l'eau à cette belle fontaine d'Ain-Karim, où les femmes du village se rassemblent et remplissent leurs urnes. Elles sont vêtues comme celles de Bethléem, on les dirait toutes issues de la race royale de Juda.

Voici, au milieu des arbres verts, le modeste sanctuaire de la Visitation. Jadis il y avait là une grande église à deux étages et un couvent, qui ont péri sous le fer musulman. Ce n'est qu'en 1861 que les Pères de Terre-Sainte ont pu déblayer le terrain et mettre à jour ce qui restait de l'ancien sanctuaire. Seule, la partie inférieure de l'église primitive a pu jusqu'à ce jour être restaurée ; mais, pour nous, elle est la plus précieuse, puisque c'est le lieu témoin de l'entrevue d'Elisabeth et de Marie.

Entrons dans ce béni sanctuaire, baisons ce sol que les pieds de la Mère de Dieu ont touché. La chapelle est petite, carrée au premier plan ; elle se termine par une absidé en forme de grotte, mesurant seulement quelques mètres de profondeur. Là se trouve l'autel du Magnificat. Ouvrons l'Evangile ; nous relisons à haute voix la scène admirable ; puis, en pleurant, nous entonnons l'hymne de Marie : Mon âme glorifié le Seigneur. Nous n'oublierons jamais l'émotion de cet instant.

Tout près de l'autel coule une petite source qu'on appelle la Fontaine de Sainte-Elisabeth ; elle est mentionnée par d'anciens auteurs ; elle avait disparu depuis des siècles sous des éboulements de terrain, elle a reparu au milieu des ruines. Cette source a été pour le sanctuaire un cachet d'authenticité.

Le fils d'Elisabeth, dont la naissance avait été si merveilleuse, devait avoir une vie plus extraordinaire encore. Tout enfant, il se retira au désert jusqu'au jour de sa manifestation devant Israël.

4

A une heure environ du sanctuaire de la Visitation, sur le flanc d'une montagne d'où l'on domine la vallée du Térébinthe, à côté d'une source qui jaillit du rocher, on trouve une grotte profonde ; c'était le lieu de la retraite de saint Jean. Là, il vécut jusqu'à l'âge de trente ans, dans une effrayante austérité. Il ne sortait de la solitude que pour annoncer aux populations voisines la venue prochaine du Messie ; on montre encore, sur la route d'Aïn-Karim, le rocher qui lui servait de tribune populaire, avant qu'il n'allât, sur les bords du Jourdain, prêcher le baptême de pénitence.

XVIII.

LE MONT SION.

La Sainte montagne de Sion ! Quel nom et quels souvenirs ! Sion a été chantée ou pleurée par les prophètes ; elle a donné son nom à Ville Sainte tout entière.

Aujourd'hui elle n'est plus comprise qu'en partie dans le mur d'enceinte. L'autre partie, couverte de cimetières et de champs ensemencés voit s'accomplir à la lettre la prophétie de Michée : « *Sion sera labourée comme un champ.* »

Le nom de David est attaché pour jamais à cette colline. Après en avoir chassé les Jébuséens, ce roi y fixa sa demeure et y fit une grande pompe apporter l'arche d'alliance. La superbe tour qui porte encore le nom de *Tour de David*, date de l'époque Jébuséenne. Elle rappelle le double crime du roi d'Israël, quand, du haut de sa terrasse, il laissa tomber un regard voluptueux sur la terrasse d'une maison voisine ; elle rappelle aussi les larmes et les chants de sa pénitence.

Ici, tout près du palais de son père, Salomon, le plus grand, le plus sage et le plus opulent des rois, fit élever ces prodigieuses demeures qui surpassaient, par la richesse des matériaux et le fini du travail, tout ce qu'on avait vu de plus beau.

A l'ombre des orgueilleux palais, des rois, s'élevaient les somptueuses demeures des princes et les vastes maisons des pontifes. Au temps de Notre-Seigneur, les grands-prêtres Anne et Caïphe avaient aussi leurs palais au mont Sion.

Nombreux sont donc les souvenir qu'évoque la chère montagne. Mais tous s'effacent devant celui du Cénacle.... Le Cénacle où Jésus institua l'adorable sacrement de l'Eucharistie et le Sacerdoce chrétien! Le Cénacle où le Saint Esprit descendit en langues de feu sur Marie et sur les Apôtres !

C'est là, sur la montagne de Sion, dans les cimetières voisins du Cénacle, que nous sommes au matin de la Pentecôte. Impossible d'offrir le Saint Sacrifice dans la salle même où eut lieu la première effusion du Saint-Esprit ; il faut nous contenter de dresser une tente au milieu du cimetière catholique, et de célébrer là cette fête mémorable, à genoux sur les tombeaux. Notre prière n'en était que plus ardente, notre émotion plus vive, au chant du *Veni Creator Spiritus*. Aussi bien, il y avait dans ce chant, à cette heure, en ce saint lieu, une signification, une éloquence, des larmes!... Nous ne les oublierons jamais ; d'autant que notre pèlerinage s'achevait et que nous étions à la veille du départ. Quitter Jérusalem ! Quelle tristesse dans ce mot !

Deux fois nous avons pu pénétrer dans la salle du Cénacle, et deux fois avec le même serrement de cœur. Le fanatisme musulman a fait de ce lieu trois fois saint une mosquée; et, afin que la profanation fût plus complète, la salle inférieure du lavement des pieds est un harem.

Nous entrons sous des constructions voûtées, débris d'un vieux monastère ; de la cour intérieure, un escalier rapide nous amène sur une terrasse pavée ; là s'ouvre la porte d'une église supérieure, correspondant à la salle haute du Cénacle, *Cœnaculum grande, stratum*. C'est un fragment d'église gothique du meilleur style. Elle est à peu près carrée ; deux colonnes la coupent en deux nefs. Elle n'a aucune dégradation ; un coup de balai, un badigeon, avec un autel, lui rendraient de suite l'aspect d'un temple chrétien. Hélas ! Quand ce temps arrivera-t-il ? Si la France avait voulu, alors que ses armes connaissaient le chemin de la victoire !

Dans ce lieu sacré qui, plus que tout autre, parle de l'amour de Jésus, la piété aimerait voir s'élever le plus beau temple en l'honneur du Sacré-Cœur ; comme il y serait à sa place !

Pauvre Cénacle, si cher aux âmes chrétiennes ! qu'il nous a été pénible de le voir ainsi profané ! A genoux sur les dalles, nous priions en silence ; il ne nous était pas permis de chanter à Dieu un cantique public et solennel. Nous paraissions étrangers et bannis à cette même place du Banquet Eucharistique, nous qui en sommes les seuls invités.

Quelle histoire belle et triste que celle du Cénacle ! Cette maison appartenait, suivant la tradition, à Joseph d'Arimathie, le même qui prêta son tombeau à Notre-Seigneur. Dans la salle haute, Jésus mangea sa dernière Pâque avec ses disciples ; dans la salle inférieure, il leur lava les pieds. Là, dans les jours qui suivirent sa résurrection, il leur apparut plusieurs fois. Là, après l'Ascension, les Apôtres se recueillirent ; là eut lieu sur eux la descente de l'Esprit-Saint au jour de la Pentecôte. Le Cénacle fut donc le premier temple qui abrita l'Eglise naissante. Il échappa miraculeusement à la ruine de Jérusalem par Titus. Sainte Hélène l'embellit, mais en lui laissant sa forme primitive et ses deux étages. Au XIe siècle il était en ruines. Les Croisés le relevèrent à peu près tel que nous le voyons aujourd'hui. Mais il fut définitivement perdu vers le milieu du XVIe siècle. Les Musulmans s'en emparèrent, sous prétexte d'honorer le roi-prophète dont ils croient posséder ici le tombeau. Pour sûr, le tombeau de David n'est pas loin d'ici : l'Ecriture en fait foi.

En quittant le Cénacle, nous passons près du champ de la Dormition de la sainte Vierge. C'est là, dans la maison de Jean l'évangéliste, que la Mère de Dieu habita après l'Ascension ; c'est là qu'elle s'endormit du sommeil de la mort. On montre, à une faible distance, l'endroit où, d'après la tradition, la fureur des Juifs tenta de s'emparer de la dépouille virginale de Marie pour la brûler, lorsque les apôtres la portaient au tombeau. Un fût de colonne, seul reste d'une vieille chapelle, indique cet endroit.

Nous arrivons au quartier des Arméniens schismatiques ; ils possèdent, sur la montagne de Sion, les plus riches couvents de la ville. L'un est bâti sur l'emplacement de la maison de Caïphe : dans la cour de cette maison, Pierre intimidé renia son maître, au moment où le grand prêtre posait à Jésus cette question : « Etes-vous le Christ fils de Dieu ? » L'église est ouverte ; nous remarquons, à droite du sanctuaire, un étroit enfoncement ; c'est la prison où le Sauveur fut enfermé et où il passa la nuit du jeudi au vendredi saint.

La maison d'Anne était voisine ; aujourd'hui elle est occupée par un couvent de religieuses arméniennes ; une chapelle latérale marque le lieu où Jésus fut indignement souffleté par un valet du grand-prêtre.

Voici, à quelques pas de là, la grande église arménienne, la Cathédrale Saint-Jacques, élevée sur le lieu où cet apôtre, à son retour d'Espagne, eut la tête tranchée par ordre d'Hérode Agrippa. Elle est éblouissante de peintures et de mosaïques. On y vénère aussi le tombeau de saint Macaire, qui était évêque de Jérusalem, lors de l'invention de la vraie Croix.

Nous rentrons à la Basilique de Saint-Sauveur, l'église franciscaine. Là s'achevait notre pèlerinage, dans cette solennité de la Pentecôte si éloquente à Jérusalem. N'avions-nous pas à remercier Dieu des grâces si nombreuses, de la protection toute spéciale et des saintes joies dont nous avions été favorisés ? C'était notre adieu à la Ville Sainte !

Le lendemain, notre dernier jour à Jérusalem, nous avions à cœur de revoir une dernière fois Gethsémani et la montagne des Oliviers, de parcourir encore la Voie douloureuse, de nous agenouiller au Calvaire devant le saint tombeau, aux principaux sanctuaires où nous étions prosternés, où nous avions prié, célébré le saint sacrifice. Partout il nous semblait que nous laissions une partie de nous-mêmes.

Puis le soir, au coucher du soleil, nous reprenions la route de Jaffa, la route de France. L'*Angelus* tintait au clocher de Saint-Sauveur. C'était au chant de l'*Ave* que nous quittions le pays de Marie et le pays de Notre-Seigneur. O Jérusalem, si jamais je t'oublie !...

CONCLUSION.

Quel sera l'avenir des Saints-Lieux? C'est le secret de Dieu.

Depuis vingt ans, c'est-à-dire depuis la reprise des pèlerinages français, on signale un réveil de l'Orient.

Les PP. Franciscains ne sont plus seuls en Terre-Sainte. A côté d'eux se sont établis les Dominicains de Saint-Etienne, les Assomptionnistes de Notre-Dame-de-France, les Pères Blancs de Sainte-Anne, le Patriarchat latin avec son séminaire indigène; d'autres familles religieuses, vouées à la prière, à l'instruction ou aux œuvres de charité, les Frères des Ecoles chrétiennes qui ont un millier d'élèves; les Pères et les Dames de Sion, les Clarisses, les Sœurs de la Charité, les Dames de Marie-Réparatrice. Ces familles, à peu près exclusivement françaises, font aimer la France, la langue et la charité françaises.

Mais aussi c'est la France seule, son or, son appui, qui les soutient. Aussi bien, elles ont fort à faire pour lutter contre les influences étrangères.

Les juifs reviennent nombreux dans leur ancienne patrie ; ils sont plus de quarante mille à Jérusalem.

Le Turc, lui, en Palestine, sommeille ; il est un geôlier ; il ouvre à qui paie le mieux.

Par contre, le schisme est là-bas plus puissant que jamais, grâce à l'appoint de la Russie qui prend sous sa protection tous les Grecs schismatiques. De plus, une mission protestante, anglaise et prussienne, s'est établie en ces derniers temps sur la route de Bethléem et y a bâti tout un village.

Au milieu de ce conflit des nations, on comprend quel doit être le rôle de la France catholique. De temps immémorial, la France a le protectorat des Saints-Lieux et la première place au

Saint Sépulcre. Il faut le dire à son honneur, elle n'a jamais cessé de défendre ses droits et de les revendiquer hautement. Nous avons l'espérance qu'elle ne faillira pas à sa mission ; et nous, catholiques et Français, nous lui viendrons en aide. Ce sera l'œuvre de nos pèlerinages.

Il faut donc en revenir au cri de la vieille France des Croisades : Allons à Jérusalem, Dieu le veut !

TABLE DES MATIÈRES

Châlons, imp. Martin frères.

www.ingramcontent.com/pod-product-compliance
Lightning Source LLC
LaVergne TN
LVHW010050230826
846091LV00005B/1910
* 9 7 8 2 0 1 3 2 8 3 1 0 6 *